고양이의 크기

서귤 지음

프레스

어느날
집에 오니

고양이가 커져있었다

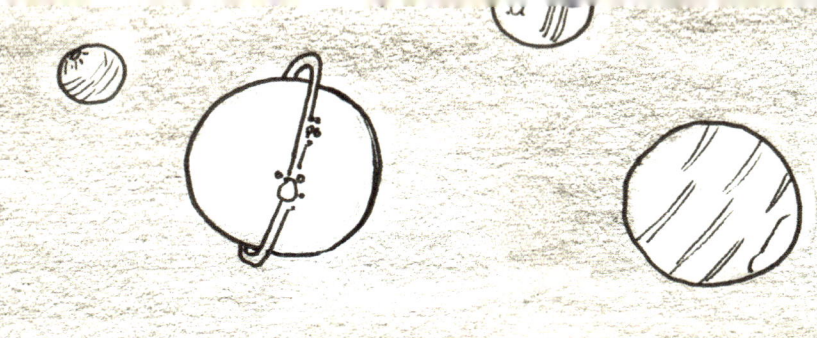

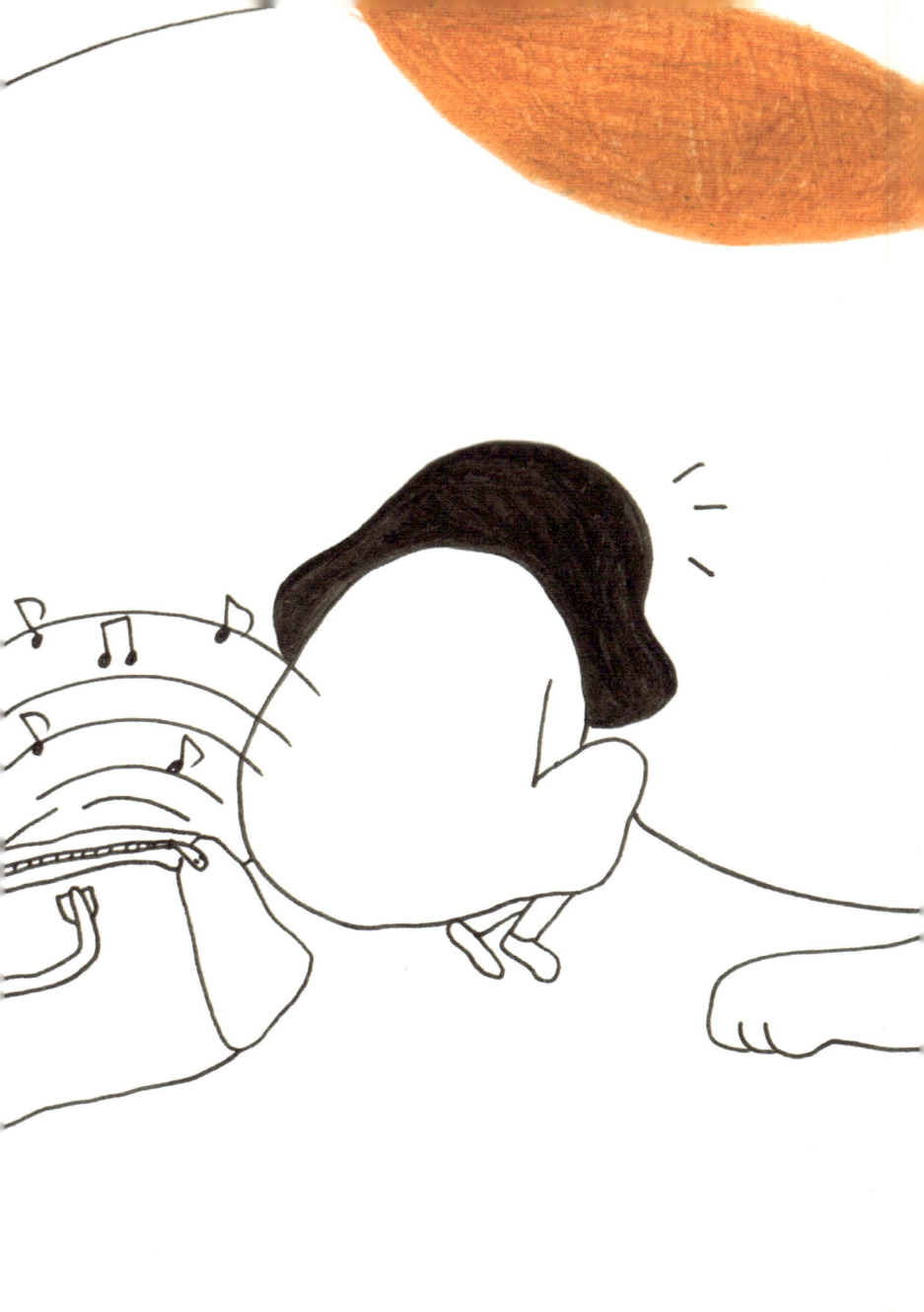

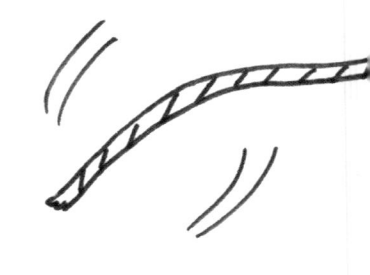

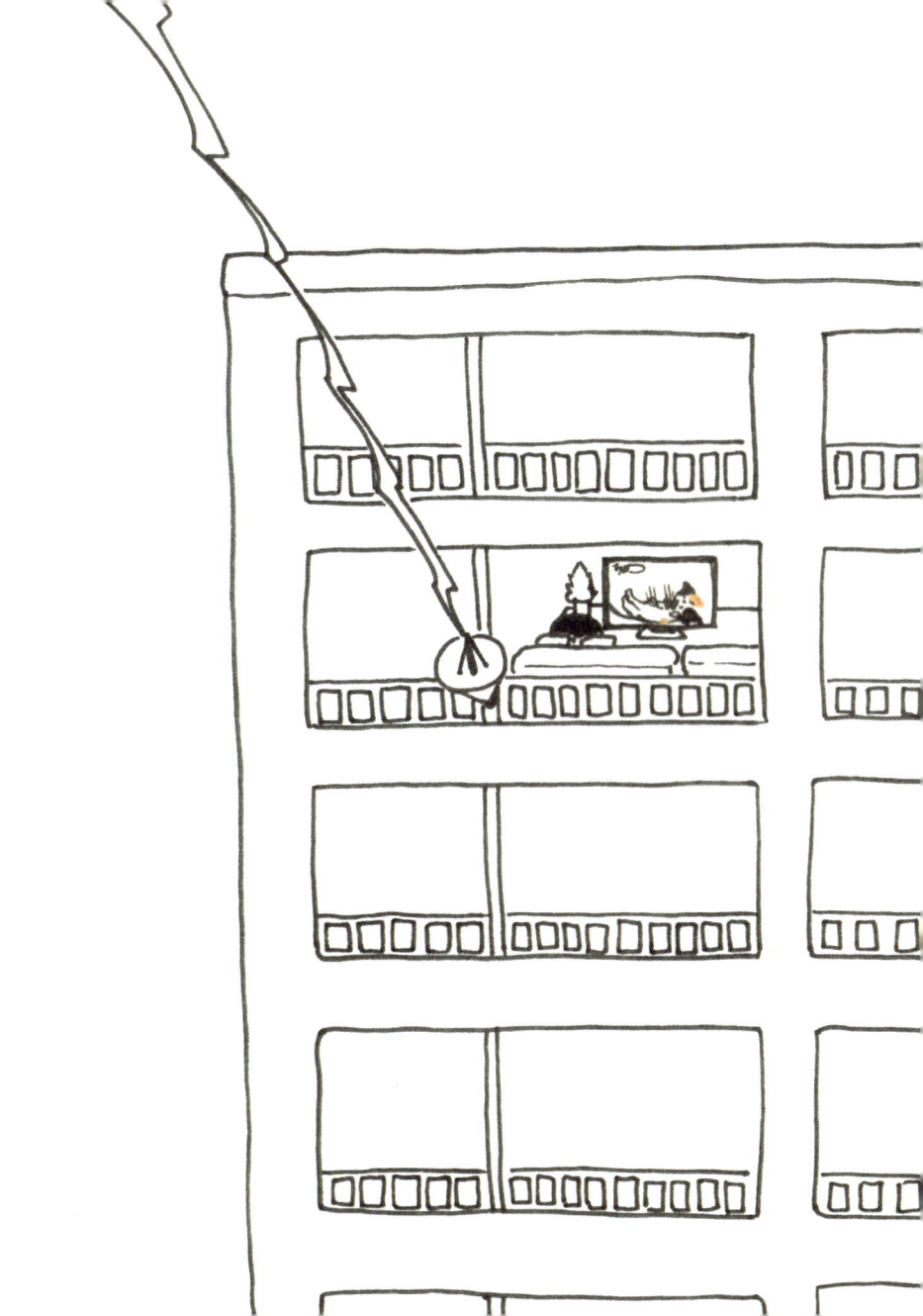

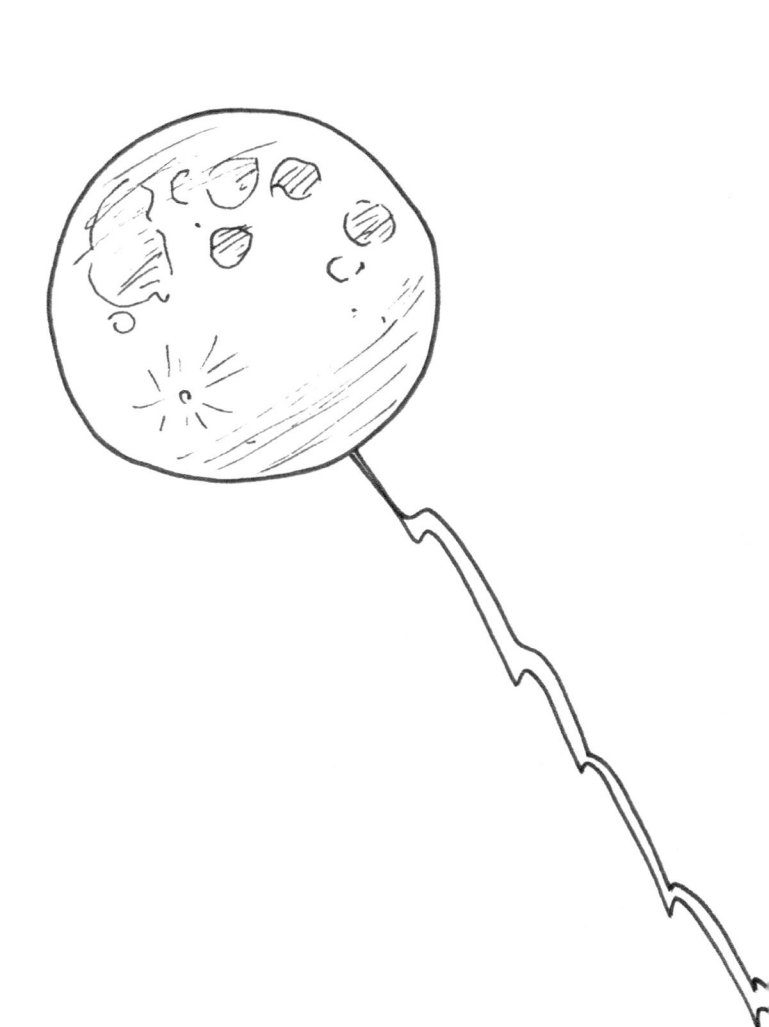

국면
전환

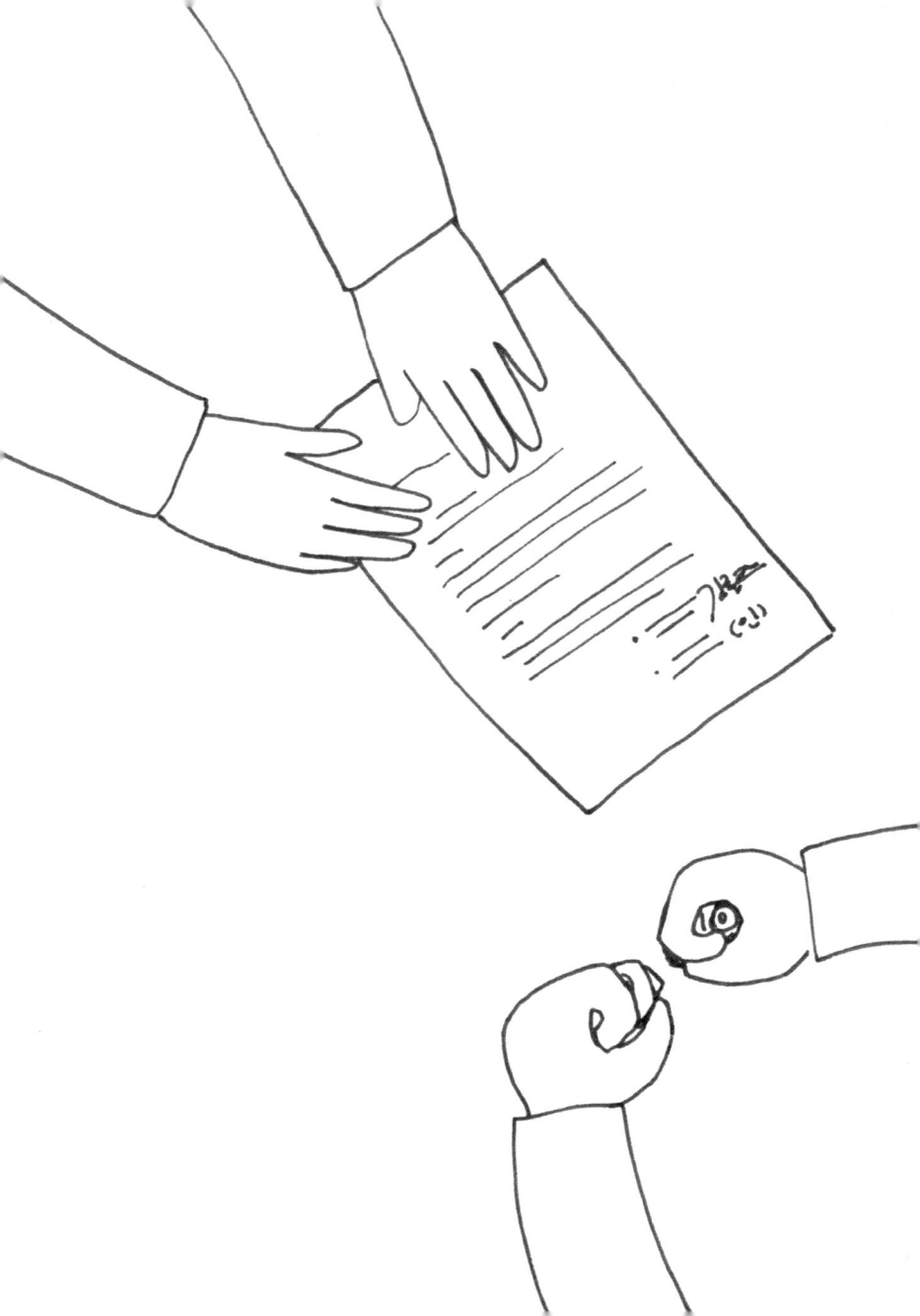

양이 팬미팅 중 난동
6명 부상

슈퍼고양이 팬미팅 중
6명 경상
서울 미모 컨퍼런스

고양이 난동
김모모 서울세욱동
갑자기 고양이가 튀쳐올라서 객석

← 게시물

슈퍼고양이 official
월·일 오후 8:20

지난 팬미팅 때 있었던 사고
깊이 사과드립니다.
사전에 안전에 대한 점검을 할게
에도 불구하고, 안간이 어떤 동물
문제를 일으킬 수 있다는 것에 대
간과했던 점 사과드립니다.
부상자 치료비 전액 지원은 물론
현장에서 직간접적으로 피해를 입은
관객들에 대한 보상을 계속해

Butterfly Entertainment

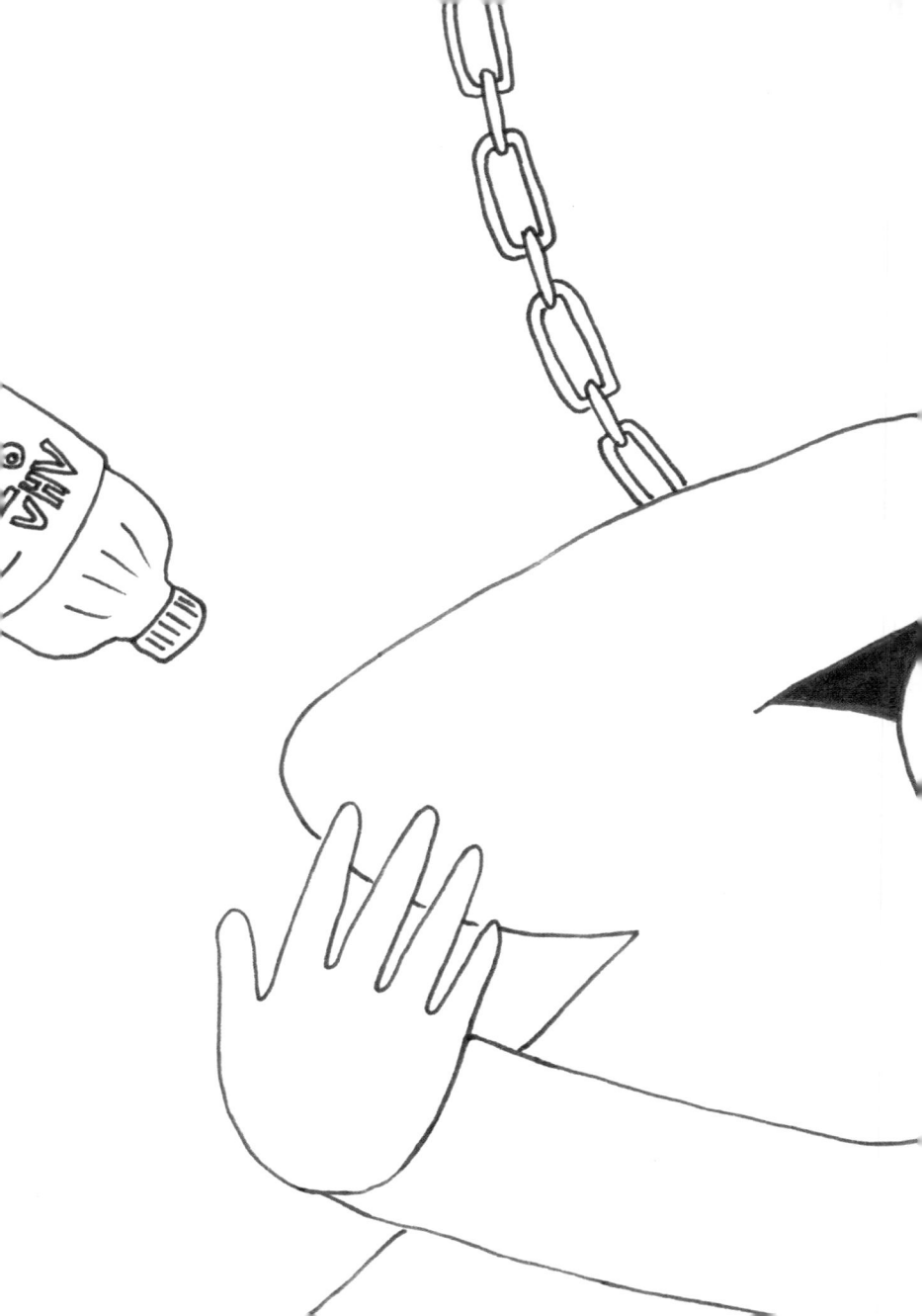

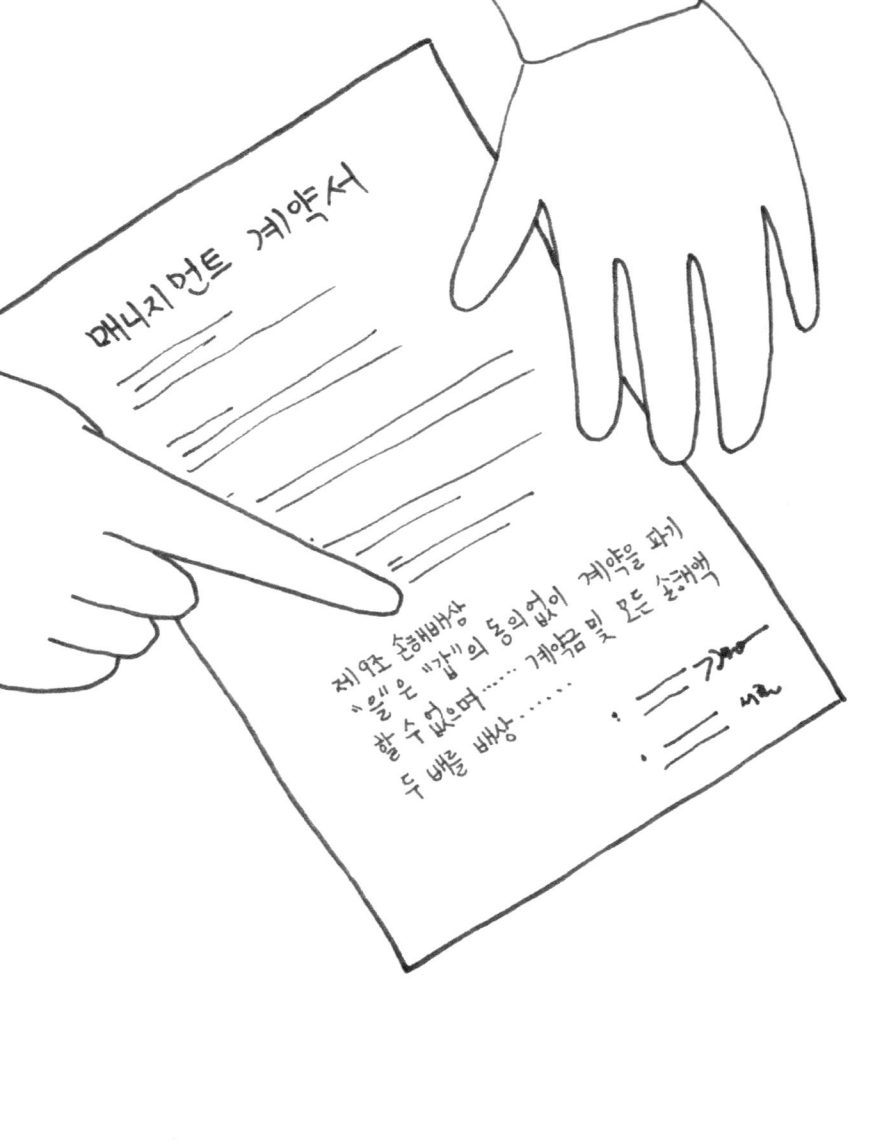

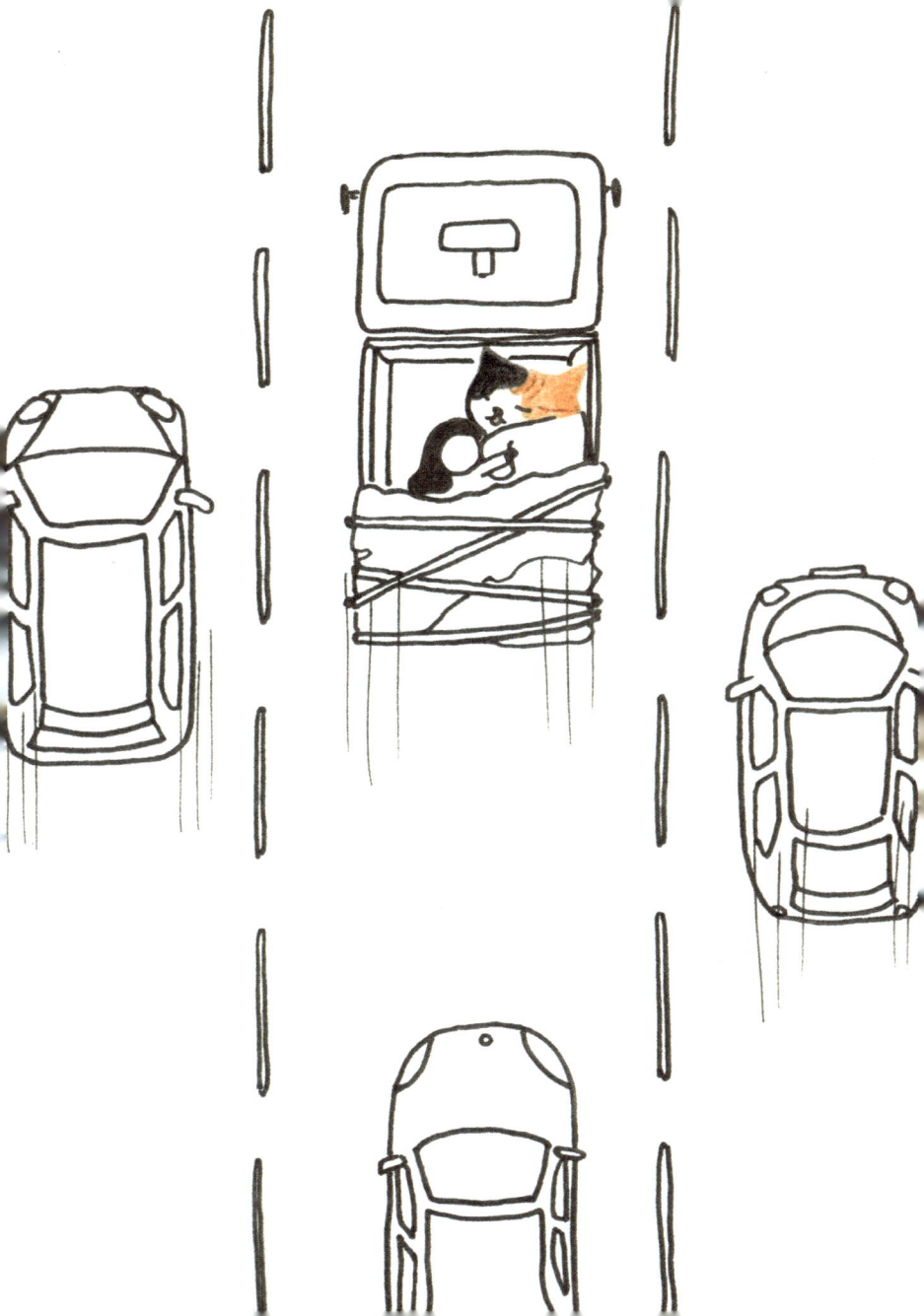

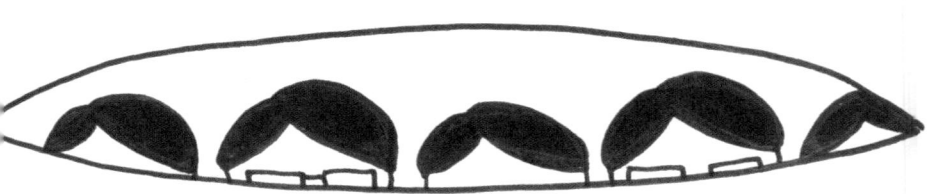

굴러 굴러 굴러

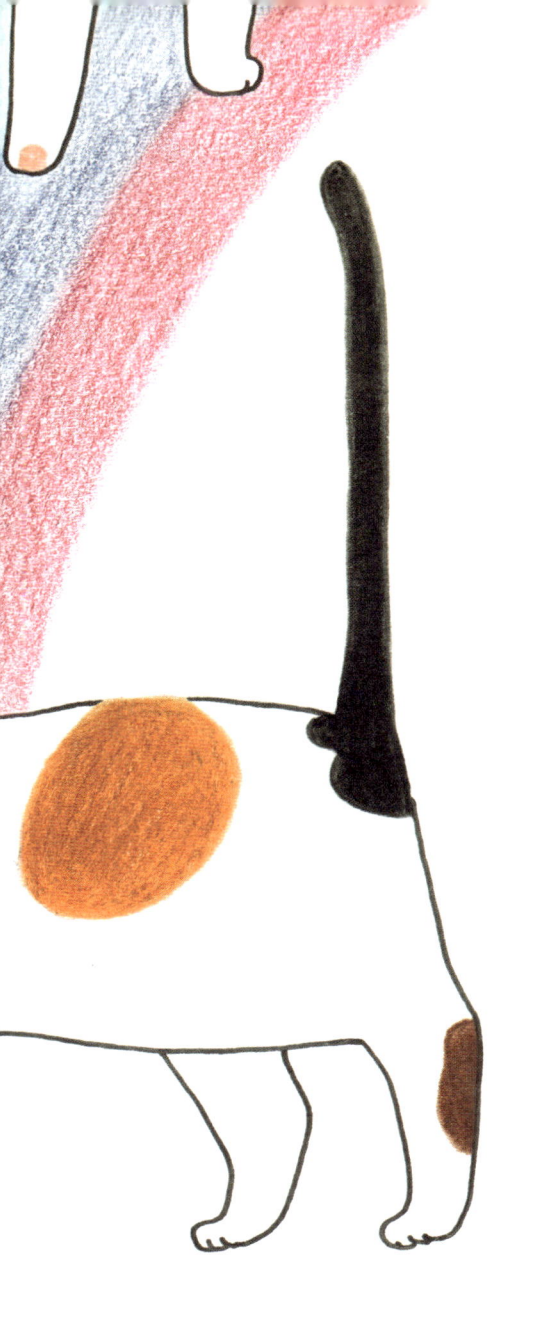

고양이의

크기

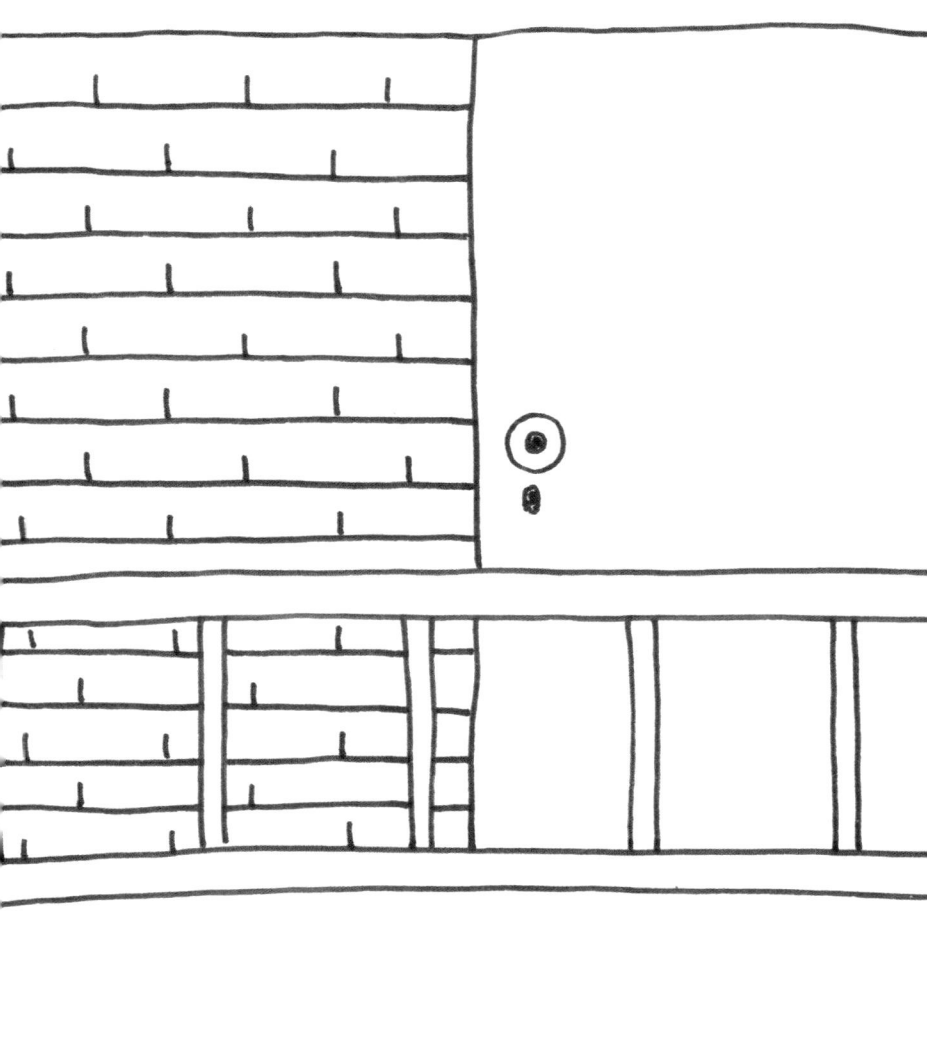

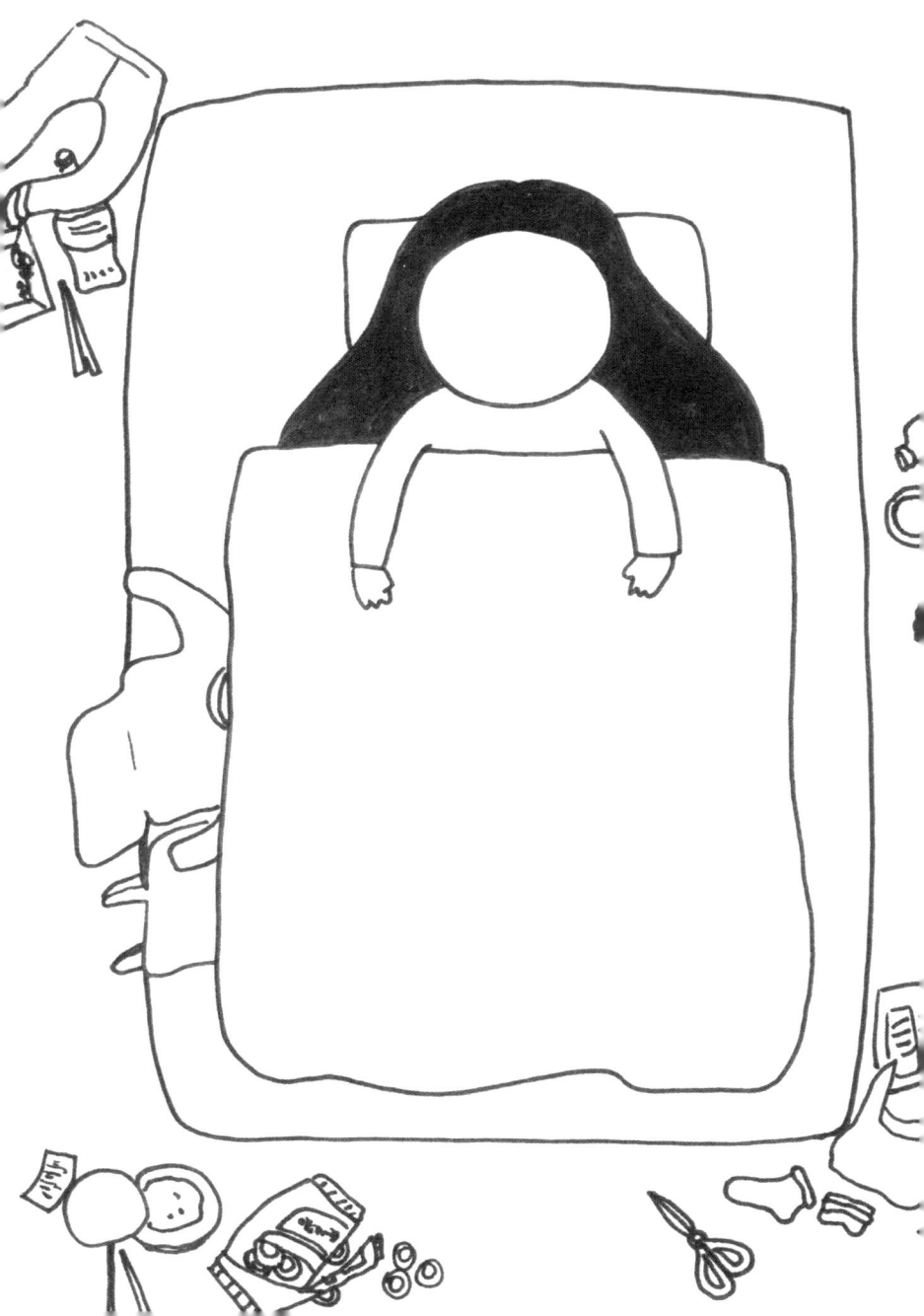

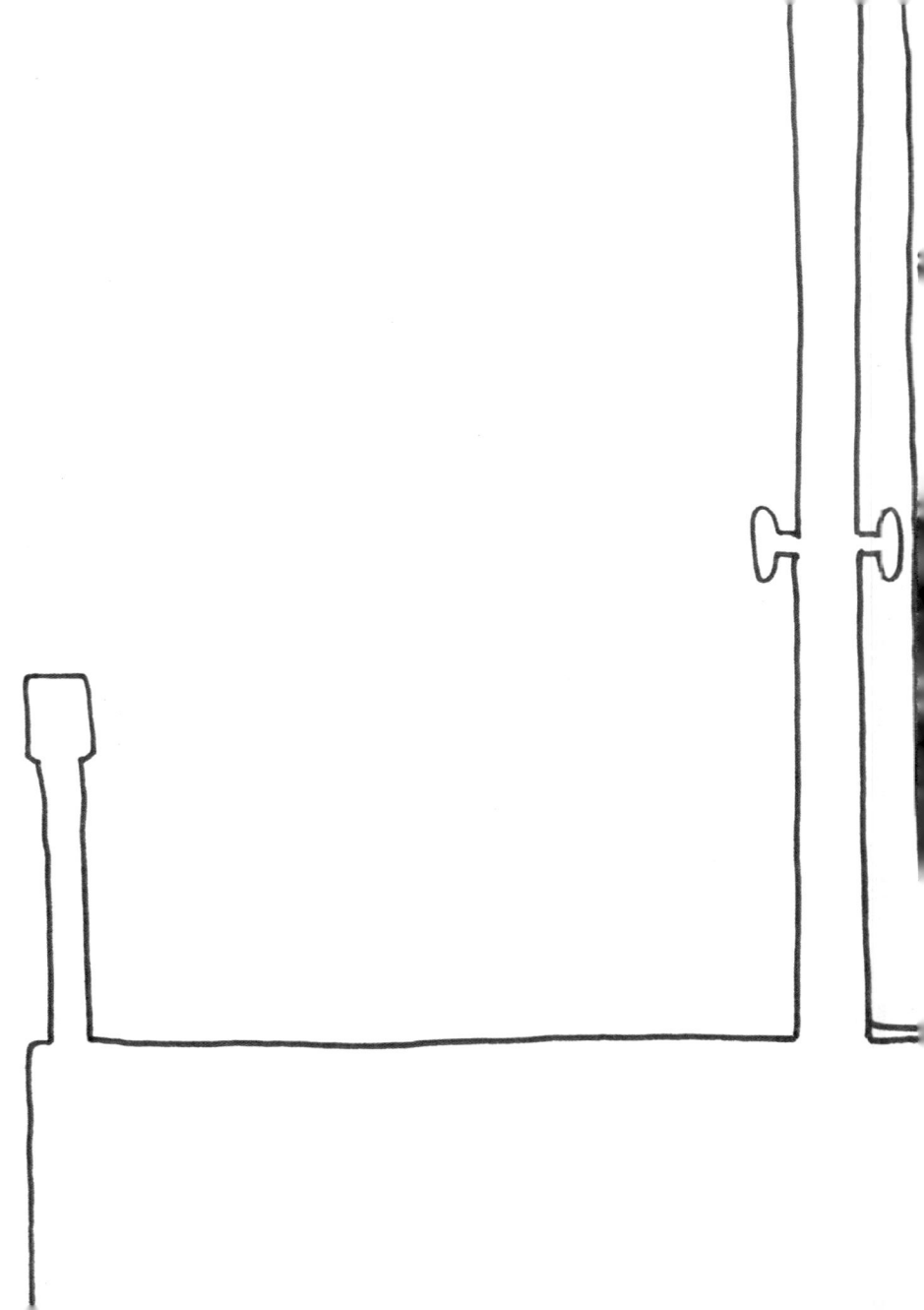

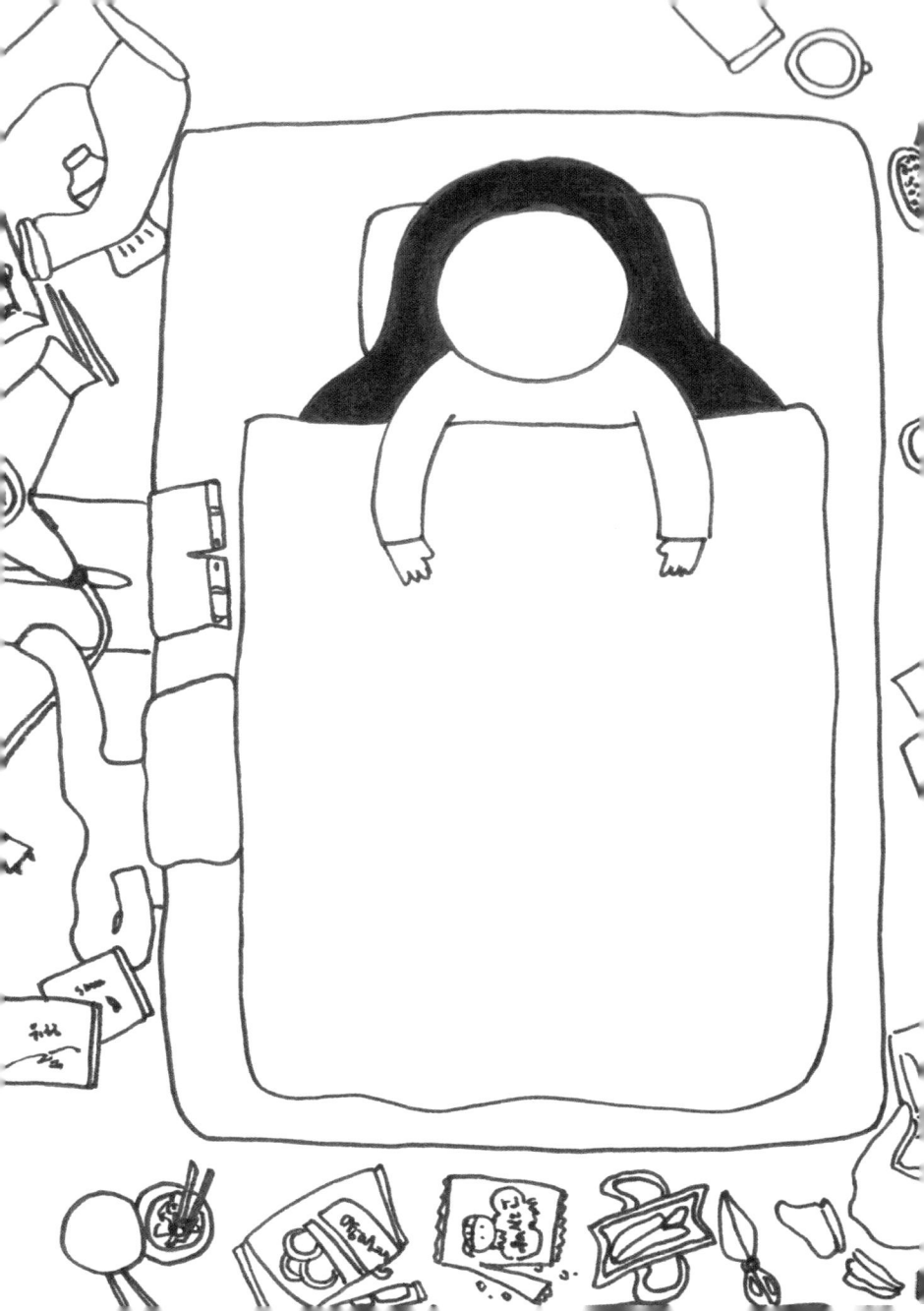

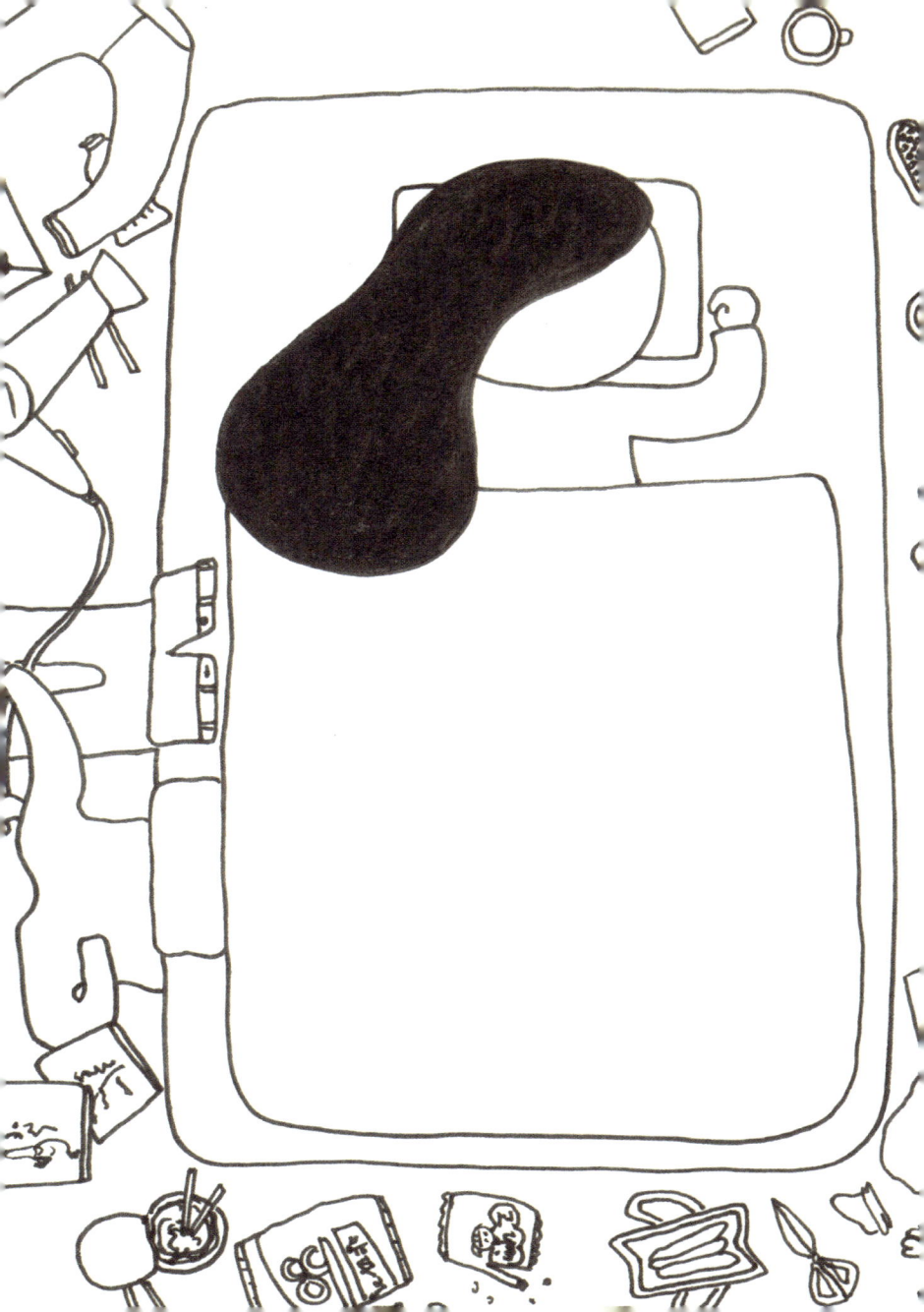

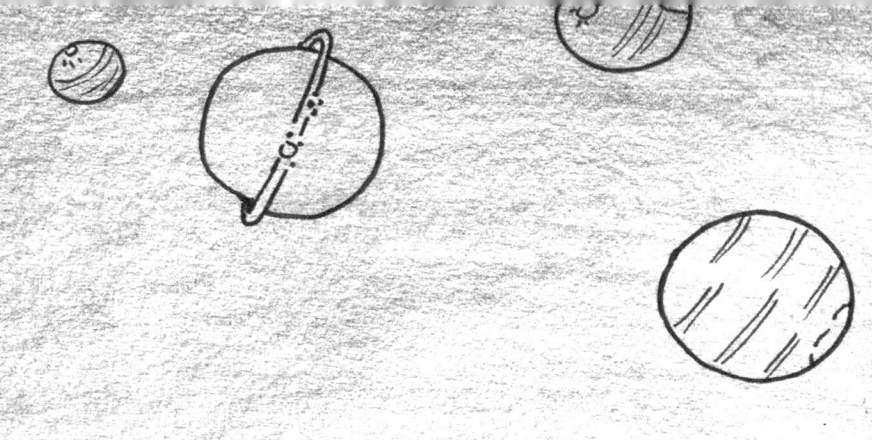

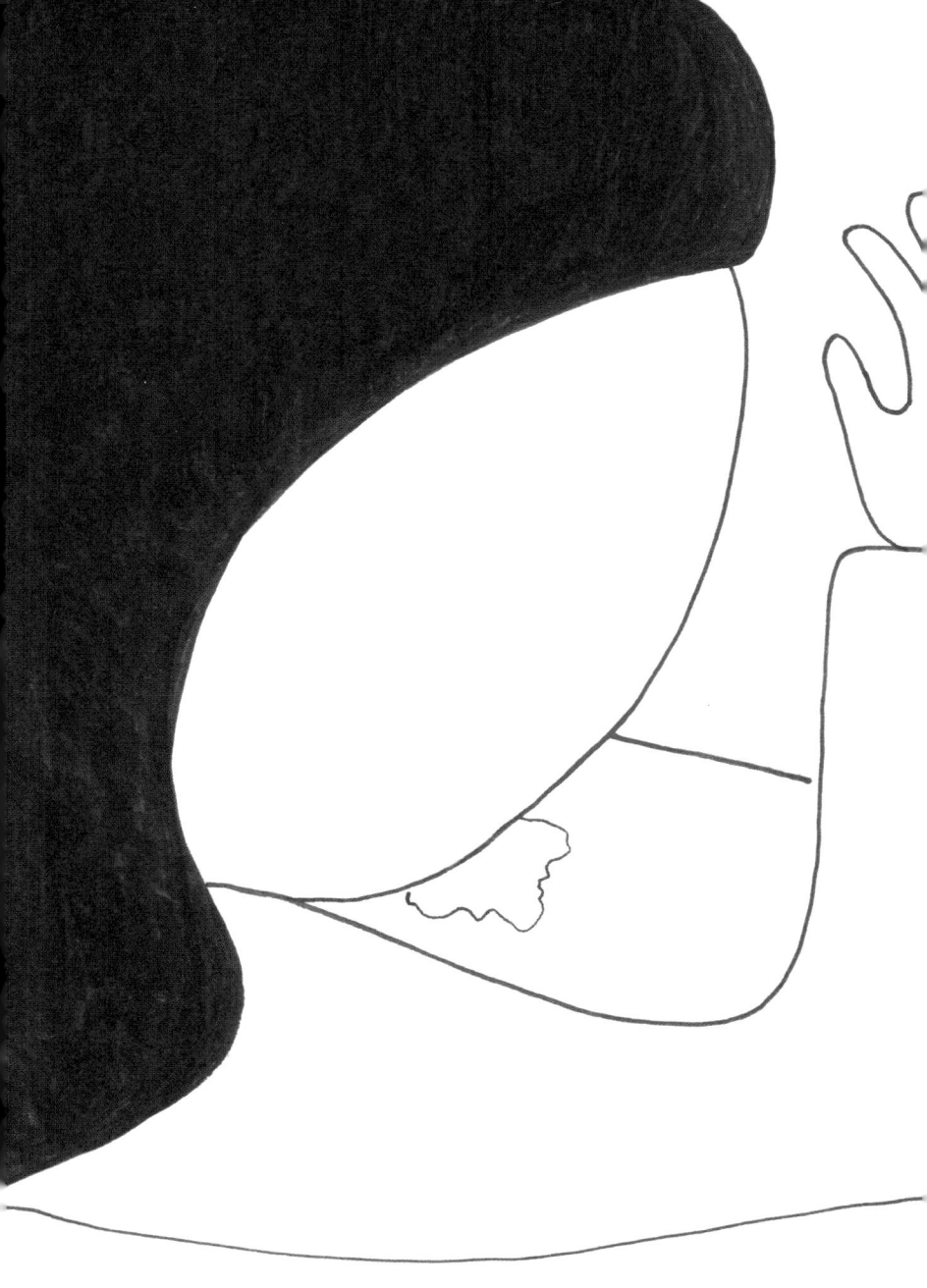

고양이의 크기

초판 1쇄 발행 2018년 2월 15일
초판 4쇄 발행 2021년 10월 26일

지은이 서귤
펴낸이 황남희
펴낸곳 이후진프레스
출판등록 2018년 1월 9일(제25100-2018-000002호)
이메일 2huzine@gmail.com
인스타그램 @now_afterbooks

ISBN 979-11-962955-0-9 (07810)
값 14,000원

이후진프레스는 독립책방 이후북스(@now_afterbooks)의
출판 브랜드입니다.
이 책은 크라우드 펀딩 텀블벅을 통해 제작되었습니다.
도움을 주신 후원자분들께 진심으로 감사드립니다.